JN241368

「賛否両論」おせちの本 完全版

賛否両論

笠原将弘

KADOKAWA

はじめに

　料理人になって約30年がたった。

　数えきれないほどの料理を作って来た。何匹の鯛をおろしたのだろう？　何本の大根をかつらむきしたのだろう？　何羽の鶏をさばいたのだろう？　もはや覚えきれていない。

　では、おせちはどれだけ作ったのか？　答えはすぐに出る。まだ30回だ。年に1回しか作れない我々料理人にとっても特別な意味を持つ料理、それがおせちだ!!

　五穀豊穣を願う田作り。子孫繁栄を願う数の子。まめに働けるように黒豆。腰が曲がるまで長生きできるように海老。将来の見通しがきくように蓮根。立身出世を願って鰤。

　よい一年を願う昔の人々の想いが込められた、日本が誇る世界に類を見ない食文化の最高峰、おせち料理!!　日本人のもっとも大切な節目である一年の始まり、正月を迎えるためのおせち料理を、最近の日本人は少し軽く見過ぎていないか？私はそう感じずにはいられない。

　今やコンビニでもおせちが買えるようになった時代、若者はおせちにインスタ映えしか求めていないのではないか？

　「おせちもいいけどカレーもね」なんて言ってる場合ではない。

　年に1回のおせち作りのときくらいは、先人たちのおせちに込めた想いを感じ取りながら、丁寧な美しい手仕事をしてみてはどうだろうか？　日本に生まれた幸福をかみしめながら、新しい年がよい年になりますように。そんな気持ちを込めておせちを作ってみてほしい。

　この本には、今の私の持てる限りのおせち作りのテクニックを載せたつもりだ。この本がみなさんのおせち作りの一助になればこんなに嬉しいことはない。

北島三郎のまつりを聴きながら……
賛否両論　店主　笠原将弘

目次

おせちとは

　そもそもおせち料理とは、季節の変わり目となる節句の行事とともに無病息災、子孫繁栄、豊作などを願い、食べる料理のことを言う。正月料理を「おせち」と呼ぶようになったのは、その一番最初の節句が正月にあたることから、正月料理を表す言葉となっていったと聞く。

　それぞれの料理に、豊作や無病息災の意味合いがあるのはそんなことからだ。

　数の子、栗きんとん、伊達巻きなど、いわゆるおせちの定番料理と呼ばれるものはいろいろあるが、すべて揃えずとも「祝い肴三種」と呼ばれるものさえ、用意しておけばいいと昔から言われている。これさえあればの3種は、黒豆、田作り、数の子。黒豆はまめに働けるようにとの意味合いがあると同時に、黒には邪を祓う意味合いもあるため、一年元気に働けるようにとの願いが込められているとか。数の子は見た目に違わず、たくさんの卵が詰まった様から子宝に恵まれますようにとの願いが込められている。田作りはその名の通り、豊作祈願。とのことだが、関東と関西では3種の内容が少し違う。先述したのは、関東地方のもの（p8上段）。関西は金運や商売繁盛を祈願して、たたきごぼうが田作りの代わりに用いられ、祝い肴三種とされている（p8下段）。

　また、お重に詰めるようになったのは江戸時代以降と言われ、福を重ねるからお重に入れるようになったとの説をよく聞く。が、実際は、保存性があるもの、蓋のあるものということで、このようなかたちになったのではないかと思う。

　家族の人数によってお重に詰めるもよし、密閉容器にそれぞれ保存し、食べるときに器に盛り合わせるもよし。一年の初めに食べる料理ということで、いつもの料理よりは手間暇かけ、丁寧にこしらえてほしい。

料理を始める前に

・大さじ1 = 15ml、小さじ1 = 5ml、1カップ = 200mlです。

・塩は自然塩、砂糖は上白糖、みりんは本みりん、酒は日本酒を使用しています。

・火加減は特に表記がない限り、中火を表します。

・野菜は特に表記がない限り、皮をむき、種やワタを除いて使っています。

・水溶き片栗粉は特に表記がない限り、片栗粉を同量の水で溶いたものを使用しています。

・レシピ内で表している油は、特に表記がない限りはサラダ油を表します。

・オーブンは熱源の種類やメーカー、機種によって加熱時間が異なります。様子を見ながら加減してください。

・作り方の手順と写真の番号は対応しています。写真が複数ある手順もありますので参考にしてください。

第1章 《昔ながらのおせち》

この章では、おせち料理といえば、というような
昔から作られてきた料理を中心に紹介する。
祝い肴三種をはじめ、「これさえ作っておけば」という
ものも多いので、まずはここから始めてほしい。

［数の子 土佐あえ］

しっかり塩抜きしてから、だしをじっくりしみ込ませ、
仕上げにかつお節で風味をプラス。

材料（作りやすい分量）
塩数の子　200g
A
：だし汁…1 1/2カップ
：しょうゆ…1/2カップ
：みりん…3/4カップ
：砂糖…大さじ1
かつお節…適量

1　鍋にAを入れ、火にかける。ひと煮立ちしたら火を止め、そのまま鍋中で冷ます。

2　塩数の子は米のとぎ汁に4〜5時間漬ける。

3　ぬらしたさらしまたはガーゼなどで、数の子の表面をやさしくこするようにして薄皮をむく。

4　海水よりやや薄い塩水に3を4〜5時間漬け、塩抜きする。

5　4を水でさっと洗って1の漬け汁に入れ、ペーパータオルをかぶせて丸一日漬ける。

6　ボウルに適量とり、食べやすい大きさに割る。かつお節をまぶし、ざっとあえて器に盛る。

▫　密閉容器に入れ、冷蔵庫で5日間保存可。

［田作り］

豊作を願い作られるおせちの定番料理。
香ばしく炒め、手早くからめるのがポイントだ。

材料(作りやすい分量)
ごまめ…100g
A
: 砂糖…大さじ4
: 酒…大さじ4
: しょうゆ…大さじ2
: みりん…大さじ2
一味唐辛子…少々
サラダ油…少々

1 ごまめはフライパンで乾煎りし、手でポキッと折れるくらいまでカリッとさせる。

2 1をざるにあけ、細かなかすを取り除く。

3 フライパンにAを入れ、中火にかける。へらで混ぜながらトロッとするまで煮詰める（へらで線を描けるくらいまで）。

4 3に2を加え、火を止めて混ぜ合わせる。

5 バットに薄く油をぬり、4を広げて一味唐辛子をふる。

＊ 器に盛ったり、お重に詰める際は、頭の向きを揃えて盛り付ける。

回 密閉容器に入れ、冷蔵庫で10日間保存可。

［黒豆］

あらかじめ煮汁に漬けて豆をもどすとこの通り。
ピンと張ったまん丸と艶のある黒、ふっくらが実現。

材料(作りやすい分量)

黒豆…300g

A

> 水…2ℓ
> きび砂糖…300g
> しょうゆ…1/4カップ
> 粗塩…大さじ1/2

重曹…小さじ1/2

ブランデー…大さじ2

1 黒豆は水で洗い、ざるに上げて水けをきる。

2 鍋にAを入れ、ひと煮立ちさせて火を止める。

3 2の鍋に重曹、鉄（またはくぎ）、1を入れ、一晩
  おいて豆をもどす。

4 皮が破れているものは取り除く。

5 3を火にかける。煮立ったらアクをひく。ペーパー
  タオルで落としぶたをし、弱火にして8〜10時
  間ほど煮る。煮汁が減ったらそのつど湯を足し、
  煮汁から豆が顔を出さないようにする。

6 豆が指でつぶせるくらいやわらかくなったら、火
  を止めてブランデーを加えて味を含ませる。でき
  ればそのまま1日置くとよりいい。

▢ 煮汁ごと密閉容器に入れ、冷蔵庫で5日間保存可。

［カステラ卵］

きめ細やかでしっとり。しかもふわふわで軽やか。
究極の伊達巻き、笠原バージョン。

材料（22×8×6cmの型1台分）
卵…4個
白味魚のすり身（市販）…100g
A
: みりん…大さじ4
: 砂糖…30g
: 塩…少々

1 フードプロセッサーに魚のすり身を入れ、卵を割り入れる。

2 なめらかになるまでよく撹拌する。

3 Aを加え、さらにしっかり撹拌する。

4 型にラップを敷き、3を流し入れる。まな板の上に型を軽く
落とし、表面を平らにして空気を抜く。

5 蒸気の上がった蒸し器に4を入れ、水滴が落ちないように型
の両脇に菜箸を置く。上からペーパータオルをのせ、中火で
20分蒸す。粗熱がとれたら型からはずす。

▢ 型からはずした大きさのまま密閉容器に入れ、冷蔵庫で3日間保
存可。食べるとき、あるいはお重に詰める際にそのつど切る。

［栗きんとん］

栗を包む、クリーミーでほんのり甘い
さつまいも。ピンクペッパーでアクセントを。

材料(作りやすい分量)
栗の甘露煮…10個
さつまいも…300g
くちなしの実…1個
A
: 水…1/2カップ
: 砂糖…200g
ピンクペッパー…少々

1 さつまいもは皮をむいて適当な大きさに切って水にさらし、さっと洗う。

2 くちなしの実はさらしにはさみ、めん棒でたたきつぶす。

3 2をさらしに包み、タコ糸でしっかり口を閉じる。

4 鍋に1と3、かぶるくらいの水を入れ、火にかける。

5 さつまいもがやわらかくなったらボウルに移し、熱いうちにマッシャーやへらなどでよくつぶす。

6 別の鍋に5とAを入れて火にかけ、へらで練る（はねやすいので気をつけること）。

7 へらで鍋中に線が描けるくらいもったりするまで練り混ぜる。

8 栗の甘露煮の汁けをきり、7に加えてさっくり混ぜる。

9 バットに広げて冷ます。

* 器に盛ったりお重に詰める際は、ピンクペッパーを散らす。

▣ 密閉容器に平らに詰め、冷蔵庫で5日間保存可。

［昆布巻き］

にしんではなく鮭を使うのが笠原流。じっくり煮た
昆布と鮭のとろけるうまみを味わってほしい。

材料（作りやすい分量）

早煮昆布…10cm長さのもの5枚

生鮭…150g

かんぴょう…適量

実山椒（水煮）…大さじ1

A

: 酒…大さじ2
: 酢…大さじ1

B

: 砂糖…大さじ2 1/2
: しょうゆ…大さじ2 1/2
: みりん…大さじ1

1 ボウルに昆布とかんぴょうを入れ、水1ℓを注いで10分ほどどおき、もどす。もどし汁はとっておく。

2 鮭の切り身の厚い部分を右側にしてまな板に置く。身と皮の間に包丁を入れ、ある程度はがれてきたところで皮をそっと引っ張りながらはぐ。

3 2を適当な大きさの棒状に切る。

4 1のかんぴょうの水けを切り、半分の太さに切る（太いと結びにくいので）。

5 1の昆布をまな板に広げ、3を適量のせて芯にしながらきつめに巻く。

6 両端を4で固結びにする。

7 鍋に6を並べ入れ、1のもどし汁をひたひた程度に注ぐ。Aを加えて火にかける。

8 煮立ったらアクをひき、弱火にする。

9 アルミホイルで落としぶたをし、弱火のまま1時間ほど煮る。

10 Bと実山椒を加え、再び落としぶたをしてさらに30分ほど、煮汁がほぼなくなるまで煮る。

▢ 棒状のまま汁ごと密閉容器に入れ、冷蔵庫で3日間保存可。器に盛ったり、お重に詰める際は、両端を落とし、食べやすい大きさに切る。

［ぶりの柚庵焼き］

香ばしい焼き目にさわやかな柚子の香りの
漬け汁をからめるように焼くこと。

材料(作りやすい分量)
ぶり(さく)…約250g
A
  酒…大さじ1
  しょうゆ…大さじ1
  みりん…大さじ1
柚子…1/4個
柚子の皮…適量
サラダ油…大さじ1

1 ぶりは8等分に切る(包丁の刃全体を使い、根元
  から刃先までスッと通す感じに切る)。

2 ボウルにAと適当な大きさに切った柚子を合わせ
  入れ、1を30分ほど漬ける。

3 フライパンに油を熱し、2の汁けをきって焼く。
  焼き目がついたら返し、もう片面も焼く。

4 余分な脂をふき取り、2の残った漬け汁を加えて
  からめながら焼く。器に盛り、松葉(p96)に切っ
  た柚子の皮をあしらう。

▢ 密閉容器に入れ、冷蔵庫で3〜4日保存可。

［サーモンの西京焼き］

西京みそにみりんを加えたほんのり甘いみそだれに漬け、
ふっくらジューシーに焼き上げた。

材料(作りやすい分量)
サーモンフィレ(さく)…300g
塩…少々
A
⋮西京みそ…100g
⋮みりん…40ml
すだち…適量

1 サーモンの皮をひく。皮と身の間に包丁を入れ、刃の下
で皮を小刻みに動かしながらすべらせるようにしてはが
していく。

2 一口大に切って塩をふり、ラップをかけて1時間ほどお
く。

3 ペーパータオルに2を並べ、上からまたペーパーを重ね、
やさしく押して水けをふき取る。

4 Aを混ぜ合わせ、3の全体にぬる。ラップをぴったりかけ、
冷蔵庫で2日間漬ける。

5 みそを洗い流し、水けをふき取る。フライパンに油をひ
かずにサーモンを並べ入れ、両面を焼く。

＊ 器に盛る際は、すだちを添える。

▢ 焼いたものを密閉容器に入れ、冷蔵庫で3～4日保存可。漬
ける時間は2～3日間がベスト。1週間漬けておいても大丈夫。

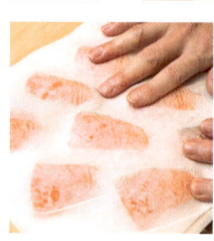

［松風焼き］

火を入れたひき肉と生のものを半々ずつ合わせ、
焼き上げるからこそのクリーミー食感。

材料(15.5 × 13.5 × 4.5cmの型
　1台分)

鶏ひき肉…300g

くるみ…50g

干しぶどう…30g

A
: 酒…大さじ1
: 砂糖…大さじ1
: しょうゆ…大さじ1

B
: 白みそ…大さじ1 1/2
: 砂糖…大さじ1
: しょうゆ…大さじ1
: みりん…大さじ1
: 塩…ひとつまみ
: 卵…1個

けしの実…適量

1　鍋にひき肉半量とAを入れ、弱火にかける。へらで混ぜながら、ポロポロになり、ほぼ汁けがなくなるまで炒め煮にする。

2　すり鉢に残りのひき肉とくるみを入れ、なめらかになるまですり混ぜる。

3　2にBを加え、なめらかになるまですり混ぜる。

4　1を煮汁ごと加え、再びよくすり混ぜる。

5　干しぶどうを加え、さっくり混ぜる。

6　型にクッキングシートを敷き、5を詰める。

7　へらで表面をならし、まな板の上に型を軽く落として空気を抜く。全体にけしの実をふり、予熱した180℃のオーブンで20分ほど焼く。

＊　完全に冷めてから切り分ける。

回　型からはずした大きさのまま密閉容器に入れ、冷蔵庫で3日間保存可。

［紅白なます］

今年のなますは薄切りで紅白具合いを大胆に演出。
漬け汁がよくしみるよう、水けをしっかりしぼること。

材料（作りやすい分量）
大根…400g
京人参…200g
柚子…1/8個
塩…小さじ1
A
: 水…1/2カップ
: 酢…1/2カップ
: 砂糖…40g
: だし昆布…5cm角1枚

1　大根と人参は皮をむき、繊維に沿って3cmほどの
　　長さの薄い短冊切りにする。柚子は皮と実に分け、
　　皮はせん切りにする。

2　ボウルに**1**の大根と人参を入れ、塩をまぶして全
　　体に塩が行き渡るように軽くもむ。

3　10分ほどおき、しんなりしたらしっかり水けをし
　　ぼる。

4　別のボウルに**A**を合わせ入れ、**3**と**1**の柚子皮を
　　加える。柚子の実をしぼり、あえる。

5　表面にぴったりラップをかけ、半日以上漬ける。

▢　密閉容器に入れ、冷蔵庫で1週間保存可。

［松前漬け］

するめ、細切り昆布、がごめ昆布、干し貝柱と、
最強のうまみのもとが集結。

材料（作りやすい分量）
するめ…50g
人参…1本
細切り昆布…50g
がごめ昆布…10g
干し貝柱…2個
A
  酒…1/2カップ
  しょうゆ…1/2カップ
  みりん…1/2カップ
  砂糖…大さじ1

1 するめは水につけてもどす。胴体を横3等分
にし、5mm幅ほどの細切りにする。

2 人参は皮をむき、薄切りにしてから5mm幅
ほどの細切りにする。熱湯でさっとゆで、ざ
るに上げて水洗いする。

3 鍋にAを入れ、ひと煮立ちさせる。火を止め、
そのまま粗熱が取れるまでおく。

4 ボウルに細切り昆布、がごめ昆布、水けをきっ
た2、1を入れる。貝柱を手でほぐして加え、
3を注いで混ぜる。何度か途中で混ぜると、
昆布の粘りが出てより味が入る。

▣ 密閉容器に入れ、冷蔵庫で1週間保存可。

［筑前煮］

干ししいたけと、そのもどし汁を使うのでだしいらず。
すべて炒めてうまみを閉じ込めてから煮るのが笠原流。

材料（作りやすい分量）
鶏もも肉…1枚（約250g）
干ししいたけ…4枚
れんこん…100g
ごぼう…100g
里芋　2個
京人参…1/2本
こんにゃく…200g
絹さや…8枚
A
　しいたけのもどし汁
　　…2カップ
　しょうゆ…40ml
　みりん…40ml
　砂糖…大さじ1
ごま油…大さじ1

1　干ししいたけは水2カップ強でやわらかくなるまでもどし、軸を落としてかさを半分に切る。もどし汁はとっておく。れんこん、ごぼう、里芋、京人参はそれぞれ皮をむいて乱切りにする。こんにゃくは熱湯でさっとゆで、表面全体に浅い切り目を入れてから乱切りにする。

2　鶏肉はそれぞれに皮がつくように、一口大に切る。

3　鍋にごぼう、れんこん、里芋、京人参、こんにゃくを入れ、かぶるくらいの水を加えて下ゆでする。

4　フライパンにごま油を熱し、鶏肉を皮目から焼く。

5　鶏肉の両面に焼き目がついたら、3の水をきって加え、続けて干ししいたけも加え、ざっと炒め合わせる。

6　Aを合わせて5に加える。煮立ったら弱火にし、アルミホイルをかぶせて10分ほど煮る。ヘタを取った絹さやを加え、さっと煮てから火を止める。そのまま冷まして味を含ませる。

▢　密閉容器に入れ、冷蔵庫で3日間保存可。

［海老芋含め煮］

大ぶりに切った状態で米を加えて下ゆでし、
だし汁でやさしく煮るから、ねっとり、クリーミー。

材料(作りやすい分量)
海老芋…2個
米…大さじ3
A
: だし汁…6カップ
: 薄口しょうゆ…1/4カップ
: しょうゆ…1/4カップ
: みりん…1/2カップ
: 砂糖…大さじ2

1 海老芋は天地を落とし、縦に上から下へと厚めに皮をむく。

2 縦4等分にし、面取りする。

3 鍋に2とかぶるくらいの水を入れ、米を加えて火にかける。

4 海老芋に7〜8割（中心に少しかたさが残るくらい）火が通ったら、火からおろす。

5 4を水でさっと洗う。別の鍋にAとともに入れ、火にかける。煮立ったら、ポコポコ小さな泡が立つくらいの弱火で15分ほどやさしく煮る。鍋中にペーパータオルを落とし、そのまま冷まして味を含ませる。

＊ 米を加えて下ゆですることでアク抜きができる。同時に米が湯の中で対流することで芋におだやかに火が入る。強火でゆでるだけでは煮崩れのもとになる。

▣ 密閉容器に入れ、冷蔵庫で3日間保存可。

［たけのこ含め煮］

たけのこの甘みに上品なだしの味わいを重ねた早春を祝う一品。
生のたけのこが手に入ったら、ゆでるところから始めたい。

材料（作りやすい分量）

たけのこ…6本

米ぬか…ひとつかみ

赤唐辛子…3本

A

    だし汁…6カップ

    酒…100ml

    みりん…100ml

    薄口しょうゆ…100ml

    砂糖…大さじ1

花がつお…ひとつかみ

1 たけのこは右記を参照してゆで、食べやすい大きさに切る。

2 花がつおはペーパータオルで包む。

3 鍋にAと1を入れ、2の口を下にして加える。火にかけ、煮立ったら弱火にして20分ほど煮る。

4 そのまま鍋中で粗熱がとれるまで置いて味を含ませる。

▣ 密閉容器に入れ、冷蔵庫で3日間保存可。

［たけのこのゆで方］

1 たけのこは穂先を斜めに切り落とす。皮をむきやすいよう、切り口に切り目を入れる。

2 鍋に1を入れ、かぶるくらいの水を注ぐ。米ぬかと赤唐辛子を加え、火にかける。

3 煮立ったら弱火にし、さらにゆでる。途中、水が少なくなったら足す。

4 串がスッと通るくらいまでやわらかくなったら、そのまま鍋中で粗熱がとれるまで置く。

5 4を水洗いし、切り目に指を入れて皮をむく（皮はお重に詰める際に飾りに使えるので捨てずに）。

6 根元の部分の凹凸を菜箸の先で削ぐようにし、きれいにする。

7 根元を少し切り落とし、先の黒い部分も切る。

＊ すぐ使わない場合は、縦半分に切ってから水に漬けて保存する（密閉容器に入れ、冷蔵庫で4〜5日保存可。水は毎日替えること）。

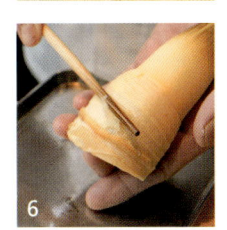

［京人参の梅煮］

梅の形の飾り切りが、華やかな
お正月料理に欠かせない一品。ぜひ京人参で
作ってみてほしい。

材料(作りやすい分量)

京人参…150g

A

だし汁…300ml
薄口しょうゆ…20ml
みりん…20ml
砂糖…大さじ1
梅干し…2個

1　京人参はp50を参照して梅の飾り切りにする。

2　鍋にAと1を入れ、火にかける。

3　煮立ったら弱火で15分ほど煮る。火からおろし、鍋中で
　　粗熱が取れるまで置いて味を含ませる。

▣　密閉容器に入れ、冷蔵庫で5日間保存可。

［菜の花の辛子浸し］

長いまま色よくゆで、氷水で美しい緑色をキープ。
あとはだし汁に3時間つけておくだけ。

材料（作りやすい分量）
菜の花 …2わ
塩…少々
A
: だし汁…1 1/2カップ
: 薄口しょうゆ…20ml
: みりん…20ml

練り辛子…小さじ1

1 菜の花は根元を1〜1.5cmほど切り落とす。鍋に塩を加え
た湯を沸かし、80℃くらいのところに根元を入れ、20秒ほ
どゆでてから全体を湯に放つ。

2 菜箸で混ぜながら20秒ほどゆでて氷水に放つ。花の向きを
揃え、花先をつぶさないようにしっかり水けをしぼる。

3 小鍋にAを入れ、ひと煮立ちさせ、練り辛子を加えて混ぜる。
密閉容器に入れ、2を並べ入れる。ぴったりとラップをか
けて3時間、味を含ませる。

▣ 密閉容器に入れ、冷蔵庫で3日間保存可。

［たたきごぼう］

まず甘酢漬けにしてから、食べる直前に
ごまだれとあえると風味が保ててよい。

材料（作りやすい分量）

ごぼう…2本

A

: 水…1カップ
: 酢…1カップ
: 砂糖…80g

B

: 酢…大さじ4
: 薄口しょうゆ…大さじ2
: 砂糖…大さじ2
: 白すりごま…大さじ2

1　ごぼうはよく洗い、適当な長さに切って、水から
　　やわらかくなるまでゆでる。まな板にのせ、めん
　　棒でたたいて割る。

2　縦半分に切ってから3cmほどの長さに切る。

3　ボウルにAを合わせ入れ、2を加えてざっと混ぜ
　　る。ぴったりラップをかけ、冷蔵庫で半日以上置
　　いて酢漬けにする。

4　食べる直前に酢をきり、Bを合わせ入れてあえる。

▢　作り方3の状態で密閉容器で冷蔵庫に入れ、1週間保
　　存可。4の状態で、密閉容器に入れ、冷蔵庫で3日間
　　保存可。

［えびのうま煮］

くるんと曲がった姿が長寿を願う、おめでたい
一品。鮮やかな色と雑味を消す下ゆで必須。

材料(作りやすい分量)
車えび(有頭)…10尾
塩…小さじ1
A
  だし汁…2 1/2カップ
  薄口しょうゆ…25ml
  みりん…25ml

1　えびは殻付きのまま、頭と胴体の付け根に金
　　串を入れ、背わたを取り除く。
2　キッチンばさみでひげを切る。
3　塩を加えた熱湯で2を2分ほどゆでる。
4　3をすぐに氷水にとる。
5　ペーパータオルの上に4を並べ、上からペー
　　パーをかぶせてやさしく押して水けをとる。
6　別の鍋に5とAを合わせ入れ、火にかける。
　　煮立ったら火を止め、そのまま冷ます。
＊　器に盛ったり、お重に詰める際は、汁けをしっか
　　りきる。

▢　密閉容器に入れ、冷蔵庫で5日間保存可。

［酢かぶら］

かぶの甘みに合う程よい酸みが、おせち全体の
いいアクセントになる一品。飽きないうまさ。

材料(作りやすい分量)
かぶ…4個
塩…適量
赤唐辛子…2本
A
　酢…1カップ
　水…1カップ
　砂糖…80g
　だし昆布…5g

1 かぶは洗って皮付きのまま、スライサーで薄
　切りにし、3%の塩水に漬ける。

2 しんなりしたら、かぶの形をくずさないよう
　にやさしく水けをしぼる。

3 ボウルにAを合わせ入れ、2を加える。赤唐
　辛子は種を取って加える。

4 表面にぴったりラップをかけ、冷蔵庫で3時
　間以上置いて味を含ませる。

＊ 器に盛ったり、お重に詰める際は、漬けていた赤
　唐辛子を刻んであしらうといい。

回 密閉容器に入れ、冷蔵庫で1週間保存可。

［白菜甘酢漬け］

おいしさの秘密は、ともに塩しておいたしょうがと
甘酢に加えたごま油。さっぱり、なのにコクあり。

材料(作りやすい分量)
白菜(芯の部分のみ)…1/2個分
しょうが…20g
塩…適量
A
:酢…1カップ
:水…1カップ
:薄口しょうゆ…大さじ2
:砂糖…80g
:ごま油…大さじ1

1 白菜の芯を5cmほどの長さの拍子木切りにする。
   しょうがはせん切りにする。ともにボウルに入れ、
   塩をふってしばらくおく。
2 1がしんなりしたらしっかり水けをしぼる。
3 水けをしぼった2とAを合わせ、ぴったりラップ
   をかけて冷蔵庫で3時間以上味を含ませる。

▢ 密閉容器に入れ、冷蔵庫で1週間保存可。

［梅］の飾り切り

40ページで紹介している「京人参の梅煮」の梅の飾り切りを解説。
おせちにぴったりの、華やかなあしらいとなる。

1　京人参は上1/3ほどを切る。太い部分を梅の飾り切りに、細い
　　部分は筑前煮に使う。

2　切り口をまな板にあて、五角形になるように周りを薄く切り落
　　とす。

3　五角形のすべての辺の中心に浅く切り目を入れる。

4　切り目から辺の角に向かい、丸みをつけながら薄く表面をむく。

5　これをすべての面、繰り返し行う。

6　全体の形を見ながら、花びらの感じを整えていく。

7　7 〜 8mm厚さに切る。

8　花びらに見立てたくぼみ部分に沿って、5カ所に浅く切り目を
　　入れる。

9　切り目から隣りの切り目に向かい、斜めにむいていき（最初は
　　浅く、次の切り目と中央に近づくにつれやや深くむく）、花び
　　らの立体感を出す。

10　完成！

第2章 《ごちそうにもなる おせち》

この章では、さらにおせち料理を華やかなものにする、
ごちそうにもなる料理を中心に紹介する。
正月のおせちとして作るほか、人が来る日などにも
ぜひ作ってもらいたい料理ばかりだ。

［鴨ロース］

お正月料理にはもちろん、ごちそうとしても
覚えておくといい、私の十八番。

材料（作りやすい分量）
合鴨むね肉…1枚（約400g）
玉ねぎ（薄切り）…1/2個
塩…適量
A
　水…2カップ
　酒…1/2カップ
　しょうゆ…1/2カップ
　みりん…1/2カップ
　だし昆布…5g
粒マスタード…適量
万能ねぎ（小口切り）…適量

1　鴨は表面の膜がはっている部分や余分な脂を包丁でそぎ取る。

＊　取り除いた脂は、雑煮のだしを取るときなどに使うといい。

2　フォークで全面に穴を開ける。

3　フライパンを油をひかずに熱し、**2**を皮目から入れて強火でしっかり焼き目をつける。身の方もさっと焼く。

4　鍋に**A**と玉ねぎを入れ、火にかける。

5　煮立ったら**3**を加え、10秒ほど煮て火を止める。

6　ペーパータオルで落としぶたをし、そのまま半日ほど置いて味を含ませる。

＊　器に盛ったり、お重に詰める際は、皮に軽く切り目を入れ、薄切りにする。粒マスタードと万能ねぎの小口切りを同量ずつ混ぜ合わせたものを添える。

◻　煮汁ごと、かたまりのまま密閉容器に入れ、冷蔵庫で5日間保存可。

［和風ローストビーフ］

フライパンと鍋、一丁でできるかたまり肉のごちそうレシピ。
イージー、なのにジューシー！

材料（作りやすい分量）
牛サーロインブロック肉…400g
A
　塩…小さじ1
　粗びき黒こしょう…小さじ1
玉ねぎ（薄切り）…1/2個
だし昆布…5g
B
　水…3カップ
　酒…1/2カップ
　しょうゆ…1/2カップ
　砂糖…大さじ2
サラダ油…大さじ1
水溶き片栗粉…適量
クレソン…適量

1　牛肉はフォークで全面に穴をあける。

2　Aを合わせ、1の全体によくすり込む。ラップで包み、冷蔵庫で1時間ほどおく。

3　フライパンに油を熱し、2を全面に焼き目がつくまで焼く。

4　鍋にBを合わせ入れ、玉ねぎと昆布を加えて火にかける。煮立ったら3を加える。再び煮立ったら弱火にし、5分ほど煮る。肉の上下を返し、さらに5分煮てから火を止める。ペーパータオルで落としぶたをし、そのまま粗熱が取れるまで置く。

5　小鍋に4の煮汁を少々移し入れ、火にかける。煮立ったら水溶き片栗粉を加えて混ぜる。

＊　器に盛ったり、お重に詰める際は、汁けをきり、薄切りにする。5のたれをまわしかけ、クレソンをあしらう。

▢　かたまりのまま煮汁とともに密閉容器に入れ、冷蔵庫で5日間保存可。

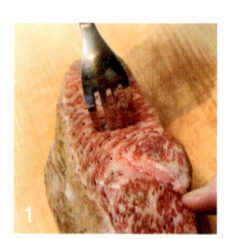

［鶏の八幡巻き］

鶏肉のジューシーな甘みにアクセントをくれるのが、
ごまあえにした春菊の苦みとコクなのだ。

材料(作りやすい分量)
鶏もも肉…2枚(約500g)
春菊…1わ

A
白すりごま…大さじ2
砂糖…大さじ1
しょうゆ…大さじ1
ごま油…大さじ1

B
水…大さじ3
酒…大さじ3
しょうゆ…大さじ3
砂糖…大さじ1
サラダ油…大さじ1

1 春菊は熱湯でさっとゆで、水に放つ。しっかり水けをしぼり、ざく切りにしてAであえる。

2 鶏肉は余分な脂や小骨を取り除き、真ん中の穴の開いたところは端を切って埋める。巻きやすいよう、全体に筋目を入れる。

3 2に1をやや手前に一列のせる。

4 ロール状に巻き、タコ糸で全体をぐるぐる巻きつけてしばる。

5 フライパンに油をひき、4を転がしながら全体に焼き目がつくように焼く。

6 余分な脂をふき取り、Bを合わせて加える。煮立ったら弱火にし、アルミホイルをかぶせて5〜6分煮る。

7 強火にし、たれを煮からめてから火を止め、そのまま冷ます。

＊ 器に盛ったり、お重に詰める際は、タコ糸をはずし、端を切り落として一口大に切る。

□ 煮汁ごと密閉容器に入れ、冷蔵庫で5日間保存可。

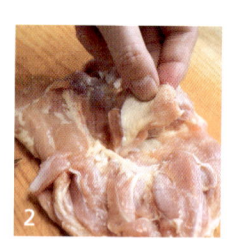

［牛タンのやわらか煮］

1時間、しっかり下ゆでしてから煮ることで、
グッとやわらかくなり、くさみが抜け、味も入る。

材料(作りやすい分量)
牛タン(皮をむいたもの)…1本
　(約1.2kg)
玉ねぎ(薄切り)…1個
だし昆布…5g
A
　水…1.5ℓ
　酒…1/2カップ
　しょうゆ…80ml
　砂糖…大さじ2
白髪ねぎ…適量
黄柚子の皮…少々
黒こしょう…適量

1 牛タンを鍋に入れ、かぶるくらいの水を加えて火にかける。沸騰したら弱火にし、アルミホイルで落としぶたをし、1時間ほどゆでる。

2 水にさらし、流水で表面を洗って2cm厚さに切る。

3 鍋に玉ねぎ、2、だし昆布、Aを入れ、火にかける。煮立ったらアクをひき、アルミホイルで落としぶたをする。1時間ほど煮て(煮汁が減ってきたら水を少しずつ加える)、そのまま粗熱がとれるまで冷ます。

＊ 器に盛ったり、お重に詰める際は、食べやすい大きさに切って白髪ねぎと黄柚子の皮のすりおろしを添え、こしょうをひく。温め直すとさらにおいしい。

▢ 2cm厚さのまま煮汁ごと密閉容器に入れ、冷蔵庫で5日間保存可。

 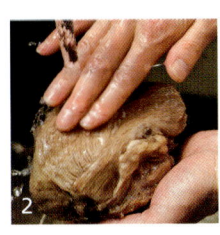 

060

［かにしんじょう］

卵黄、魚のすり身、かにのほぐし身をひとつずつ加えては
混ぜ合わせ、蒸したふわふわのうまみ。

材料(22×8×6cmの型
　2台分)
かにのほぐし身…200g
白身魚のすり身(市販)…300g
卵黄…2個分
サラダ油…1/2カップ
酒…1/2カップ
塩…少々

1　小鍋に酒を入れ、ひと煮立ちさせてアルコールを
　　煮きる。火を止め、そのまま冷ます。

2　ボウルに卵黄を入れ、油を少しずつ加えながらマ
　　ヨネーズ状になるまで泡立て器で混ぜる。

3　フードプロセッサーまたはミキサーに1とすり身
　　を入れ、2を少しずつ加えながら撹拌する。なめ
　　らかになったら塩を加えて混ぜ、ボウルに移す。

4　3にかにのほぐし身を加え、さっくり混ぜる。

5　型にラップを敷き、4を入れる。ゴムべらで表面
　　を平らにならし、少し上から型を落として空気を
　　抜く。

6　蒸気の上がった蒸し器に入れ、中火で20分ほど
　　蒸す。

＊　器に盛ったり、お重に詰める際は、粗熱がとれてから
　　食べやすい大きさに切り分ける。

▢　型からはずした状態で密閉容器に入れ、冷蔵庫で3日
　　間保存可。

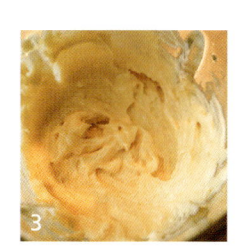

［牡蠣のしぐれ煮］

下ゆでしてから煮汁で煮たのち、煮詰めた煮汁に
からませて仕上げるからしっとりジューシー。

材料(作りやすい分量)
牡蠣(むき身)…300g
しょうが…20g
A
: 水…1カップ
: 酒…1 1/2カップ
: しょうゆ…60ml
: 砂糖…大さじ2
: みりん…大さじ1

1 しょうがは針しょうが（ごく細いせん切り）にし、水にさらす。

2 牡蠣は塩水（水の量に対し、約3％くらいの塩が目安）に入れ、殻の残りや汚れをやさしくなでるように洗い、ざるに上げる。

3 鍋に湯を沸かし、2をさっとくぐらせて網じゃくしで引き上げる。

4 鍋にAを入れ、ひと煮立ちさせる。3を加え、再び煮立ったら弱火にし、5分ほど煮て牡蠣を取り出す。

5 4の煮汁をとろっとするまで煮詰め、しょうがを加えて4の牡蠣を戻し入れる。強火で煮からめる。容器にあけて粗熱をとる。

▢ 煮汁ごと密閉容器に入れ、冷蔵庫で5日間保存可。

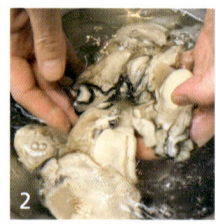

［ぎせい豆腐］

豆腐の水けをしっかりきること。

卵は数回に分けて半熟に火入れすること。これが大事。

材料（15.5×13.5×4.5cmの
　　型1台分）

木綿豆腐…300g

卵…3個

しいたけ…3枚

人参…30g

三つ葉…5本

サラダ油…大さじ1

A

　砂糖…30g

　薄口しょうゆ…25ml

1　豆腐はペーパータオルに包み、重しをして30分ほどおいて水けをしっかりとる。

2　しいたけは軸を落としてかさを薄切り、人参はせん切り、三つ葉は1cm長さに切る。

3　フライパンに油を熱し、しいたけと人参を炒める。しんなりしたら1を手でくずしながら加え、水分をとばしながら炒める。

4　3にAを合わせ入れ、ざっと混ぜてから火を止める。卵を溶きほぐし、半量ほど加えて混ぜ合わせる。残りの半量を加えてさらに混ぜ、残りも加えて半熟に火を入れる。三つ葉を加えて混ぜる。

5　型にオーブン用シートを敷き、4を流し入れる。少し上から数回落として空気を抜き、予熱した250℃のオーブンで20〜30分焼く。

＊　オーブンで焼くときは様子を見ながら焼くこと。表面に焼き目がつきすぎたらアルミホイルをかぶせ、中まで火を通す。

＊　器に盛ったり、お重に詰める際は、食べやすい大きさに切り分ける。端は切り落とす。

▣　型からはずした状態で密閉容器に入れ、冷蔵庫で5日間保存可。

［あん肝のうま煮］

口の中でシュッととろける、軽やかさ。
お酒とともにちびりちびりと味わいたい。

材料（作りやすい分量）
あん肝…300g
しょうが…10g
だし昆布…5g
A
⋮ 水…2カップ
⋮ 酒…2カップ
⋮ しょうゆ…1/2カップ
⋮ みりん…1/2カップ
⋮ 砂糖…大さじ1

1 あん肝はまわりの膜をやさしく引っ張りながら切りはずし、適当な大きさに切る。

2 水を張ったボウルにあん肝を入れ、軽く押さえて出てくる血のかたまりを除く。

3 しょうがはせん切りにする。鍋にAとしょうが、昆布を入れ、火にかける。

4 3が煮立ったら、あん肝をそっと加える。再び煮立ったら弱火にして10分ほど煮る。

5 火を止め、表面が乾燥しないようペーパータオルをのせてそのまま冷ます。

＊ 器に盛る際は食べやすい大きさに切り、煮汁としょうがを添える。お重に詰める際も同様に食べやすい大きさに切り、汁けをしっかりきって詰める。

▣ 煮汁ごと密閉容器に入れ、冷蔵庫で5日間保存可。

［たこの西京漬け］

たっぷりでなくまとわせる程度にみそをつけ、ラップをかけて
一晩おくだけ。みそは酒と砂糖を加えてほんのり甘口仕立てに。

材料（作りやすい分量）
ゆでだこの足…200g
きゅうり…2本
A
  信州みそ…100g
  酒…30ml
  砂糖…30g

1　Aを混ぜ合わせ、たこときゅうりにまとわせるように
　　つける。ラップをかけて冷蔵庫で一晩置く。

＊　器に盛ったり、お重に詰める際は、みそを洗い流し、水け
　　をふき取る。きゅうりは表面に浅く斜めの細かな切り目を
　　入れる。それぞれ食べやすい大きさに切って盛り合わせる。

▣　みそをつけたまま密閉容器に入れ、冷蔵庫で1週間保存可。
　　3日目以降は、みそを洗い流して水けをふき取って同様に
　　保存する。

［煮帆立］

口の中でジュワッと広がる煮汁と帆立の二段階のおいしさに、
山椒がさわやかなアクセントを添える。

材料(作りやすい分量)
帆立貝柱(生食用)…10個
実山椒(水煮)…小さじ1
A
水…2カップ
だし昆布…5g
薄口しょうゆ…1/4カップ
みりん…1/4カップ

1 帆立は塩水(約3%の塩分・分量外)で洗う(表面の間に砂が入っている場合もあるのでていねいに)。ミミをはずし、水けをしっかりふく。

2 実山椒は粗く刻む。

3 鍋にAを合わせ入れ、火にかける。煮立ったら弱火にし、5分ほど煮る。

4 3に1と2を加え、ごく弱火で3分ほど煮る。火を止め、そのまま冷ます。

＊ 1ではずしたミミは炒め物などに使うといい。

＊ 器に盛る際は、一口大に切って煮汁とともに盛る。お重に詰める際は、汁けをきって食べやすい大きさに切って詰める。

▢ 煮汁ごと密閉容器に入れ、冷蔵庫で3日間保存可。

［ひらめの昆布〆］

ほのかにきいた酢と昆布のうまみがしみ渡った上品な味わいは、
すだちとわさびでシンプルに。

材料(作りやすい分量)
ひらめ(刺身用・さく)…約200g
だし昆布…10×20cm 2枚
酢…大さじ1
わさび…適量
すだち…大さじ1

1 ひらめはさくの端に切り込みを入れ、包丁で皮をはぐ。皮
　 が持てるくらいまではいだら、皮を小刻みに動かしながら
　 引っ張り、包丁をまな板と平行にすべらせて皮をひく。

2 ペーパータオルに酢をしっかりしみ込ませ、昆布をふく。

3 酢でふいた方の面を内側にし、1を挟む(昆布が折れたら、
　 ひらめにつけるように貼りつける)。

4 3の全面をラップし、冷蔵庫で5時間ほど置く。

＊ 器に盛ったり、お重に詰める際は、食べやすく切って昆布とと
　 もに盛り合わせ、わさびとすだちを添える。

▫ 昆布に挟んだまま密閉容器に入れ、冷蔵庫で3日間保存可。

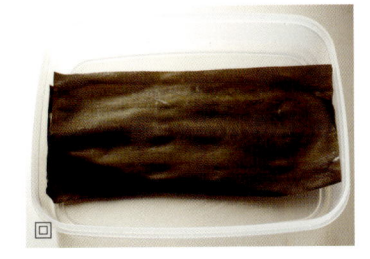

［鯛のきずし］

〆すぎないやわらかな酸みに、柚子の風味を重ね合わせ、
ほんのり口の中に残る鯛の甘みを楽しむ。

材料（作りやすい分量）
鯛（刺身用・さく）…約300g
黄柚子…1/4個
塩…大さじ1
A
: 水…1/2カップ
: 酢…1カップ
: 砂糖…小さじ1
: だし昆布…5g

1　鯛は両面にまんべんなく塩をまぶす。ラップをかけ、冷蔵庫で1時間ほど置く。

2　流しにまな板を斜めに立てかけ、1の鯛を皮目を上にしてのせる。熱湯をお玉でまわしかけ、皮霜造りにする。

3　2をすぐに氷水にとり、塩を洗い流してペーパータオルで水けをしっかりふき取る。

4　バットにAと薄切りにした柚子を合わせ入れ、3を加えてペーパータオルをかぶせる。冷蔵庫で30分ほど置く。途中、15分したら表裏を返す。

＊　器に盛ったり、お重に詰める際は、食べやすい大きさに切り、黄柚子の皮を削ったものを散らしてわさびを添える。

▢　漬け汁から取り出し、密閉容器に入れて冷蔵庫で5日間保存可。

 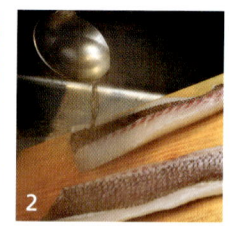

［サーモン洋風マリネ］

玉ねぎとしょうがのすりおろしが、
マリネ液をサーモンにしっかり入れる役目を果たす。

材料(作りやすい分量)
サーモン(刺身用・さく)…300g
玉ねぎ…1/2個
しょうが…10g
ディル…1/2パック
黒こしょう…少々
塩…大さじ1
砂糖…大さじ1
A
: 酢…1/4カップ
: サラダ油…1/4カップ

1 塩と砂糖を混ぜ合わせ、サーモン全体にこすりつけて
　ラップをかけて冷蔵庫で半日置く。

2 玉ねぎはすりおろし、水けをしぼる。しょうがはすり
　おろす。Aに玉ねぎとしょうがを合わせる。

3 1を流水で洗い、水けをしっかりふき取る。

4 バットにちぎったディルと黒こしょうを敷き詰め、上
　に3を置く。さらに上からディルをのせ、黒こしょう
　をひく。

5 4の上から2をかけ、ぴったりラップをかけて冷蔵庫
　で半日ほど置く。

＊ 食べるときに一口大に切り分ける。

□ ＊マリネ液ごと密閉容器に入れ、冷蔵庫で5日間保存可。

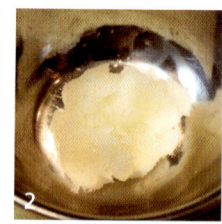

［いくらしょうゆ漬け］

塩漬けを酒でほぐし、だし汁、しょうゆ、みりんを
合わせた漬け汁で一晩漬ける。それだけ。

材料(作りやすい分量)
いくら塩漬け…300g
酒…1/2カップ
黄柚子の皮…少々
A
: だし汁…1 3/4カップ
: しょうゆ…1/2カップ
: みりん…1/4カップ

1 鍋にAを合わせ入れ、ひと煮立ちさせてバットに移し、冷ます。

2 ボウルにいくらを入れ、酒をふりかけて全体をほぐす。

3 ざるに移し、汁けをきる。

4 1に3をやさしく移し入れ、柚子の皮を散らす。冷蔵庫で1日
　 漬ける。

* お重に詰める際は、小鉢などに入れて詰める。

▢ 漬け汁ごと密閉容器に移し入れ、冷蔵庫で5日間保存可。

［鰆南蛮漬け］

鰆のふわふわの身に、酸っぱすぎず、
甘すぎずの甘酢だれが好相性。柚子の風味をきかせて。

材料（作りやすい分量）
鰆（切り身）…300g
長ねぎ…2本
赤唐辛子…1本
塩…少々
薄力粉…適量
黄柚子の皮…少々
A
　だし汁…2カップ
　しょうゆ…40ml
　みりん…40ml
　酢…80ml
　砂糖…大さじ2
揚げ油…適量

1　長ねぎは適当な長さに切る。フライパンに油をひかず
　　に入れ、全面に焼き目をつける。赤唐辛子は種を除く。

2　鍋にAを合わせ入れ、火にかける。煮立ったら長ねぎ
　　を加え、再び煮立ったら火を止め、そのまま冷ます。

3　鰆は小骨があれば取り除き、血合いの部分を切りはず
　　す。一口大に切って塩をふり、薄力粉をまぶす。

4　180℃の揚げ油で3を2〜3分揚げる。

5　揚げたそばから容器に移した2に漬け、赤唐辛子をの
　　せてラップをぴったりかけ、2時間以上おく。

＊　器に盛る際は、長ねぎを食べやすく切り、漬け汁とともに
　　松葉に切った（p96）黄柚子の皮をあしらう。お重に詰める
　　際は、汁けをきり、同様にして黄柚子の皮をあしらう。

▣　漬け汁ごと密閉容器に入れ、冷蔵庫で5日間保存可。

［からすみ］を手作りしてみる。

お正月に向け、高級珍味を手作りするのは、
毎年の愉しみの一つでもある。

　からすみは鰡の卵巣。市場や馴染みの魚屋さんなどでいい鰡の卵巣が手に入ったら、自分でからすみを仕込んでみるといい。

　まず、血管に清潔な針で穴をあけ、ボウルに張った水の中でやさしくもんで血抜きをする。水けをふき取り、密閉容器に入れ、からすみが隠れるくらいまでしっかり塩をふる。そのまま冷蔵庫で3日ほど置いた後、日本酒またはホワイトリカーをひたひたに注ぎ、再び冷蔵庫に1日置いて塩抜きする。水けをふき取り、ざるに並べて上下を返しながら乾かす。表面が乾いてきたら酒を吹く。天気のいい日に風通しの良い場所で1週間ほど。半生でもいいけれど、私はカンカンに乾かすほうが好みだ。芋焼酎で香りをつけたり、高級なお酒を使うなど、その辺はお好みでどうぞ。乾かした後は、しっかりラップをして冷蔵庫で2〜3週間保存可。

第3章 《盛り込み》

第2章までで、おせち料理の「パーツ」は完成。
あとは重箱や皿などに盛るだけだ。とはいっても、
盛り方の美しさがおせちの出来栄えを左右するため、
この章を参考にしながら自分なりに盛り込んでほしい。

［盛り込み］

おせち作りの最後の仕上げとなる盛り付け。

私はたいてい、仕切りを使わず、料理同士を寄せたり、

立てかけたりしながら詰め合わせていく。

まずは、牡蠣のしぐれ煮のような汁けがあるものはあらかじめペーパータオル
で汁けをきってから盛り付けること。ほかの料理に味がうつりにくくなると同
時に、いたみにくくもなるのでこまめに下準備してから盛り付けていきたい。

また、黒豆のように汁けがあって細かなものや、栗きんとんのようにほかの料
理に味がうつらないようにしたいものは小さな器に入れ、盛り付けるとよい。
その際、お重の角にその器を入れ、そこに寄せるようにして次の料理を盛るよ
うにすると、盛り付けが決まりやすい。まず、一つの角に器に盛ったものを入
れ、対角線上にもう一つの器を入れる。

そのあとは、松風焼きやカステラ卵のように四角いものを角に入れる。

あとは、そこに寄せるように料理を盛り合わせていけばいい。

私の場合、特に細かなルールはなし。ただし、同じような色みのものが一か所に集まりすぎないように、色みのバランスを考えて盛り合わせるようにしている。また、えびやたこのように彩りもよく華やかなものは真ん中にもってくると全体が締まると同時に、まわりに盛り付けた料理も引き立つ。

それぞれ持っているお重のサイズが異なるとは思うが、なるべく隙間を作らないようにすること。隙間ができたら、なますのように形に融通のきくものや、きゅうりの西京漬けのように色が引き締まるものを盛り合わせるといい。全体的にぎゅっと詰まった感じに盛り合わせること。これがお重に詰める際のポイント。あとは気張らず、自由に盛り付ければいい。

［皿盛りの流儀（笠原流）］

重箱に詰めるだけがおせちにあらず。
家にある皿を生かした笠原流の盛り付けで
おせち料理らしい華やかさを演出してみた。

角大皿

　夫婦ふたりのお正月料理はこれくらいシンプル
に、角大皿一枚に少しずつ盛り合わせるというの
もいいだろう。大人ふたりということで、お酒と
共に楽しめる、つまみになりそうなものを中心に
種類豊富な9種盛りにしてみた。

　角皿ゆえ、整然と横3種、縦3種。ときどき、
丸や角の豆鉢などを用いて、盛り付けと色みにア
クセントをつけると美しく見える。上段右から、
紅白なます、ぶりの柚庵焼き、栗きんとん、中段
右から煮帆立、いくらしょうゆ漬け、牛タンのや
わらか煮、下段右からたこの西京漬け、ぎせい豆
腐、牡蠣のしぐれ煮。

豆皿

　豆皿と呼ばれる小さな器に少しずつおせち料理を盛り合わせ、お酒とともに
おつまみ感覚で味わい、楽しむ。夫婦ふたりや友人同士2〜3人におすすめし
たいスタイル。

　真ん中から、白の角皿にはサーモンの西京焼きとぶりの柚庵焼き、それに酢
かぶらを添えた。右手、白の丸皿にはあん肝のうま煮とたこの西京漬け。左手、
横長の器にはぎせい豆腐と京人参の梅煮に、南天の葉をあしらった。上右手の
丸皿には鯛のきずしにゆでたさやいんげんを添え、柚子皮をあしらった。上左
手、黒の丸皿には黒豆と栗きんとん。豆皿は一種盛りにするのもいいが、ほん
の少しずつ器に合わせて近い味わいのものを盛り合わせるといい。

銘々皿

　家族や友人など4〜5人が揃うときは銘々皿に盛り付けるといい。お皿をお重のように捉え、お正月料理としてふさわしい料理をいくつか盛り合わせる。

　まずは鶏の八幡巻きのようにボリュームのあるものを盛り、それを台にして真ん中に華やかなえびのうま煮を盛り付ける。あとは肉、魚、野菜の素材のバランス、甘い、酸っぱいなど味のバランスを考えつつ、牡蠣のしぐれ煮や菜の花の辛子浸し、たけのこ含め煮などを盛り合わせてみた。

白丸大皿

　例えば、家族3人の場合。ということで考えてみた盛り付け。お重に詰めなくとも、こうして大皿にお正月料理を盛り付けるのも趣向が変わっていい。

　少し立ち上がりのある丸い器に松前漬けを盛り、真ん中に置くことで、自然とまわりに盛り付ける配置が決まってくる。真ん中の器の中身は汁けのあるものを入れると、ほかのものにうつらなくてよい。まわりに家族3人が食べる分を想定して、サーモンの西京焼き、カステラ卵、菜の花の辛子浸し、松風焼き、たけのこ含め煮、酢かぶらの7種を盛り合わせてみた。盛り合わせるものは好みのものでいいが、肉、魚、野菜といった食材のバランスと味わいを変える工夫をするとより良いと思う。

オーバル皿

　オーバルの洋皿に盛り合わせた、おせち料理のパーティー盛り。

　左上から、海老芋含め煮、松前漬け、白菜甘酢漬け、鰆南蛮漬け、たたきごぼう、あん肝のうま煮、鶏の八幡巻き、かにしんじょう、えびのうま煮など。それぞれの料理が隣り合わせた料理を支えるような盛り付けゆえ、汁けのあるものはペーパータオルでていねいに汁けをきって盛り付けること。空いた隙間には田作りやゆでさやいんげん、京人参の梅煮といった融通のきくものを盛り付けてぎゅっとした感じを出す。いろいろなご馳走が隠れているモリッとした雰囲気にするのがコツ。

［かまぼこ］の飾り切り

今回のお重には入れていないが、家庭でのおせち料理には
欠かせない、かまぼこ。ちょっとした切り方の工夫で食卓がぐっと
正月らしく、華やかになる。簡単なのでぜひやってみてほしい。

松葉

1 厚さ1.5〜2cmに切ったかまぼこのラウンド部分を右手にし、上部に3/4ほどの切り込みを入れる。
2 ラウンド部分を左手に置き換え、下部に3/4ほどの切り込みを入れる。
3 上下の切り込みをクロスさせる。

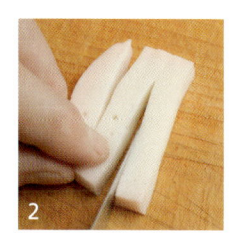 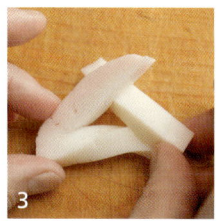

市松

1 紅白のかまぼこを好みの厚さに3切れほど切る。
2 それぞれ横半分に切る。
3 紅白が互い違いになるように並べ替える。

 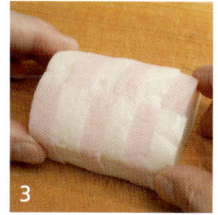

手綱

1 厚さ1.5〜2cm厚さに切ったかまぼこのラウンド部分をまな板につけ、包丁を沿わせて薄く上部を削ぐ。切り離さないこと。
2 削いだ部分の手前に切り込みを入れる。
3 2の切り込みに端を入れ込み、手綱にする。

 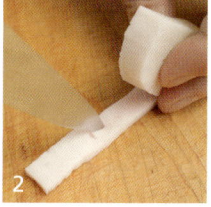
 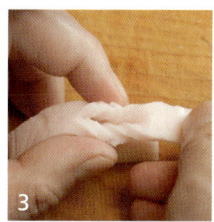

扇子1

1 かまぼこの奥から包丁の刃を少し入れる。
2 下に向かって左右に少しずつ刃を動かしながら切る。

扇子2

1 かまぼこに二か所、奥行き 2/3ほどの切り込みを入れ、2cm厚さに切る。
2 1で入れた切り込みを広げる。

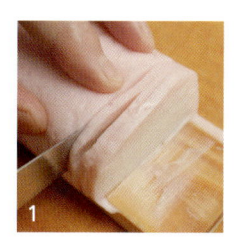 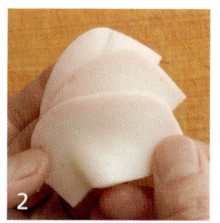

［松］の飾り方

松は先のとがった部分を切る。2本を重ねる。
松風焼きを盛り付けるときなどに使うと、美しく見え、
アクセントにもなる。

［柚子］の飾り切り

1　柚子は上下を切り落とす。

2　柚子を立てて上下の真ん中に切り込みをぐるりと入れ、上下の皮をむく。

3　上下の皮の内側の白い部分を削ぐ。

4　白い部分を下にしてまな板におき、手前3/4ほど5㎜幅の切り込みを入れる。さらに5㎜のところで切る。

5　4を繰り返し、反対側に同じように切り込みを入れてからさらに5㎜のところで切る。

6　切り込みをクロスさせる。

7　二種の松葉の完成。

＊　焼き魚や刺身を盛り付ける際のあしらいに使うと彩りもよく、香りもいい。

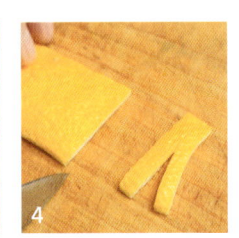
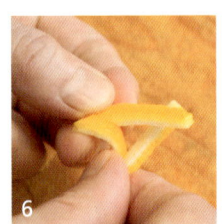

第4章

《雑煮、そのほか》

おせちとともに正月の食卓に欠かせない雑煮三種、
そして、おせちに取りかかる前に用意したいだしのひき方や
調味料、道具などについて紹介。
効率よくおせちを用意できるスケジュールも参考にしてほしい。

［基本の雑煮（笠原流）］

東京生まれの私は、長年、すまし汁に
角餅、鶏肉、かまぼこ、三つ葉の雑煮が定番。

材料(2人分)
鶏もも肉…1/2枚(約100g)
かまぼこ…2切れ
角餅…2個
三つ葉…1/3束
A
⋮ だし汁…3カップ
⋮ 薄口しょうゆ…大さじ2
⋮ みりん…大さじ1
黄柚子の皮…少々

1 鶏肉はすべてに皮と脂がつくように、一口大に切る。餅は焼く。柚子の皮は松葉の形に切る(p96)。
2 鍋にAを入れ、火にかける。煮立ったら1の鶏肉とかまぼこを入れ、煮る。
3 鶏肉に火が通ったら、椀に1の焼いた餅を入れ、2を注ぎ入れる。三つ葉を軽く結び、1の柚子とともにあしらう。

［京風雑煮］

丸餅をゆで、白みそで仕立て、
糸がつおをあしらう京風の雑煮は、修業時代からの定番。

材料(2人分)
海老芋…80g
京人参…50g
丸餅…2個
A
⋮だし汁…3カップ
⋮薄口しょうゆ…大さじ1
白みそ…100g
糸がつお…適量

1 海老芋は皮をむき、縦半分に切ってから横3等分
  に切る。京人参は1cm厚さの輪切りにする。
2 鍋に1とかぶるくらいの水を入れ、やわらかくな
  るまで下ゆでする。
3 別の鍋に湯を沸かし、餅をさっとゆでる。
4 別の鍋にAを入れ、火にかける。煮立ったらみそ
  を溶き、2の水けをきって加え、さっと煮る。
5 椀に3の水けをきって入れ、4を注いで糸がつお
  をあしらう。

［沖縄風雑煮］

結婚して我が家の味に加わったのが、
甘辛く煮つけた豚肉がポイントの妻の故郷、沖縄の味。

材料(2人分)
豚バラブロック肉…200g
しいたけ…4枚
大根…100g
春菊…少々
角餅…2個

A
: 水…1カップ
: 酒…1/2カップ
: しょうゆ…大さじ2
: 砂糖…大さじ1

B
: だし汁…3カップ
: しょうゆ…大さじ2
: みりん…大さじ1

1　豚肉は1cm厚さに切る。しいたけは軸を落とし、かさは半分に切る。大根は薄いいちょう切りにする。春菊は葉を摘む。

2　鍋に湯を沸かし、1の豚肉を白っぽくなるまで下ゆでする。

3　餅は焼く。

4　別の鍋にAを合わせ入れ、火にかける。煮立ったら、水けをきった2を加える。再び煮立ったら弱火にし、15分ほど煮る。

5　さらに別の鍋にBを合わせ入れ、火にかける。煮立ったらしいたけと大根を加え、大根がやわらかくなるまで煮る。

6　椀に焼いた餅と4の豚肉を適量、5の大根としいたけを入れる。5の汁を注ぎ、春菊をあしらう。

＊　余った豚肉は密閉容器に入れ、冷蔵庫で5日間保存可。軽くあぶってもおいしい。

おせち作りのスケジュール

ページ／料理名	27	28	29	30	31	保存期間
p12　数の子 土佐あえ			●	●		冷蔵 5日間
p14　田作り	●	●	●			冷蔵 10日間
p16　黒豆			●	●		冷蔵 5日間
p18　カステラ卵				●	●	冷蔵 3日間
p20　栗きんとん			●	●		冷蔵 5日間
p22　昆布巻き				●	●	冷蔵 3日間
p24　ぶりの柚庵焼き				●	●	冷蔵 3～4日間
p26　サーモンの西京焼き			●	●	●	冷蔵 3～4日間
p28　松風焼き				●	●	冷蔵 3日間
p30　紅白なます	●	●	●	●		冷蔵 1週間
p32　松前漬け	●	●	●	●		冷蔵 1週間
p34　筑前煮				●	●	冷蔵 3日間
p36　海老芋含め煮				●	●	冷蔵 3日間
p38　たけのこ含め煮				●	●	冷蔵 3日間
p40　京人参の梅煮			●	●		冷蔵 5日間
p41　菜の花の辛子浸し				●	●	冷蔵 3日間
p42　たたきごぼう	●	●	●	●		冷蔵 1週間
p44　えびのうま煮			●	●		冷蔵 5日間

※ 作業日（12月27日～31日）を ● で示す

ページ／料理名	作業日（12月27日〜31日）					保存期間
p46 酢かぶら	27	28	29	30	31	冷蔵1週間
p48 白菜甘酢漬け	27	28	29	30	31	冷蔵1週間
p52 鴨ロース	27	28	29	30	31	冷蔵5日間
p54 和風ローストビーフ	27	28	29	30	31	冷蔵5日間
p56 鶏の八幡巻き	27	28	29	30	31	冷蔵5日間
p58 牛タンのやわらか煮	27	28	29	30	31	冷蔵5日間
p60 かにしんじょう	27	28	29	30	31	冷蔵3日間
p62 牡蠣のしぐれ煮	27	28	29	30	31	冷蔵5日間
p64 ぎせい豆腐	27	28	29	30	31	冷蔵5日間
p66 あん肝のうま煮	27	28	29	30	31	冷蔵5日間
p68 たこの西京漬け	27	28	29	30	31	冷蔵1週間
p70 煮帆立	27	28	29	30	31	冷蔵3日間
p72 ひらめの昆布〆	27	28	29	30	31	冷蔵3日間
p74 鯛のきずし	27	28	29	30	31	冷蔵5日間
p76 サーモン洋風マリネ	27	28	29	30	31	冷蔵5日間
p78 いくらしょうゆ漬け	27	28	29	30	31	冷蔵5日間
p80 鰆南蛮漬け	27	28	29	30	31	冷蔵5日間
p82 からすみ	鰡の卵巣が手に入った時に仕込む					冷蔵2〜3週間

（作業日：p46 27・28・29・30／p48 27・28・29・30／p52 29・30／p54 29・30／p56 29・30／p58 29・30／p60 30・31／p62 29・30／p64 29・30／p66 29・30／p68 27・28・29／p70 30・31／p72 31／p74 29・30／p76 29・30／p78 29・30／p80 29・30）

［だし］をとる。

おせち作りに欠かせないのがだし。まずはだしをしっかりとる。
これがおいしいおせち作りの一番の早道。ここで手を抜くか否かで
すべてが変わってくるので、気を入れてだしをひきたい。

材料
かつお節…50g
昆布…20g
水…2リットル

1　鍋に昆布と水を入れる。

2　少しおいてからかつお節を入れる。

3　火にかけ、沸いてきたらていねいにアクをひく。

4　弱火にし、10分ほどそのまま煮出す。

5　ボウルにペーパータオルをのせ、さらに上からざ
　　るを重ねる。4を流し入れ、濾す。

6　濾したかつお節をお玉の底で押し、しっかり水分
　　をしぼる。

7　完成。

［基本調味料］はシンプルで
おいしいものを用意する。

たくさんの調味料を買う必要はなし。塩、酒、砂糖、しょうゆ、酢、みりん、
みそといった定番中の定番さえあれば十分。おせち料理ということで
色みを美しく見せるために、薄口しょうゆがあれば完璧。銘柄も普段、
自分が使っているものでいい。私の場合は、添加物を使っていない
昔ながらの製法で作られたものを基本に選んだ調味料を使用している。

［密閉容器］を用意する。

年末1週間ほど前から少しずつ仕込んでは保存しておかなければ
ならないおせち料理。そこで欠かせないのが保存の容器。
汁ごと保存しておいたほうがもちも味わいもいいものが多いので、
しっかり密閉できるものを選びたい。アルミ製のものだとにおいがつきに
くいのでいい。収納時に便利な入れ子になるものや、冷蔵庫に保存する
際に重ね置いたときの安定がいいものなども買い足しする際に
チェックしておきたい項目。

この本がみなさんのおせち作りの一助になれば
こんなに嬉しいことはない。

笠原将弘

笠原将弘
かさはら まさひろ
東京・恵比寿にある日本料理店「賛否両論」店主。1972年東京生まれ。実家は東京・武蔵小山で焼き鳥店「とり将」を営み、幼少の頃より父親に料理のセンスを磨かれる。高校卒業後「正月屋吉兆」で9年間修業、父の死をきっかけに「とり将」を継ぐ。2004年、「とり将」が30周年を迎えたのを機に、いったんクローズ。東京・恵比寿に"賛否両論出ることを覚悟で"オーナーシェフとして「賛否両論」オープン。瞬く間に予約の取れない人気店になる。テレビをはじめ、雑誌連載、料理教室から店舗プロデュース、イベントなどで幅広く活躍。2013年9月に「賛否両論名古屋」を開店。2019年11月には金沢にし茶屋街に「賛否両論金沢」をオープン予定。著書に『鶏大事典』『超・鶏大事典』『「賛否両論」笠原将弘のきほんの和食』『賛否両論　笠原将弘　おもてもてなし　うらもてなし』(いずれも小社刊)など多数。

「賛否両論」
東京都渋谷区恵比寿2-14-4
TEL　03-3440-5572
https://www.sanpi-ryoron.com/

Staff
デザイン　中村善郎(yen)
撮影　日置武晴
スタイリング　池水陽子
校正　麦秋アートセンター
編集　赤澤かおり

「賛否両論」おせちの本 完全版

2019年10月11日　初版発行
2023年12月15日　3版発行

著者／笠原将弘

発行者／山下　直久

発行／株式会社KADOKAWA
〒102-8177　東京都千代田区富士見2-13-3
電話　0570-002-301(ナビダイヤル)

印刷所／TOPPAN株式会社

本書の無断複製（コピー、スキャン、デジタル化等）並びに
無断複製物の譲渡及び配信は、著作権法上での例外を除き禁じられています。
また、本書を代行業者などの第三者に依頼して複製する行為は、
たとえ個人や家庭内での利用であっても一切認められておりません。

お問い合わせ
https://www.kadokawa.co.jp/ (「お問い合わせ」へお進みください)
※内容によっては、お答えできない場合があります。
※サポートは日本国内のみとさせていただきます。
※Japanese text only

定価はカバーに表示してあります。

©MASAHIRO KASAHARA 2019　Printed in Japan
ISBN 978-4-04-896528-6　C0077